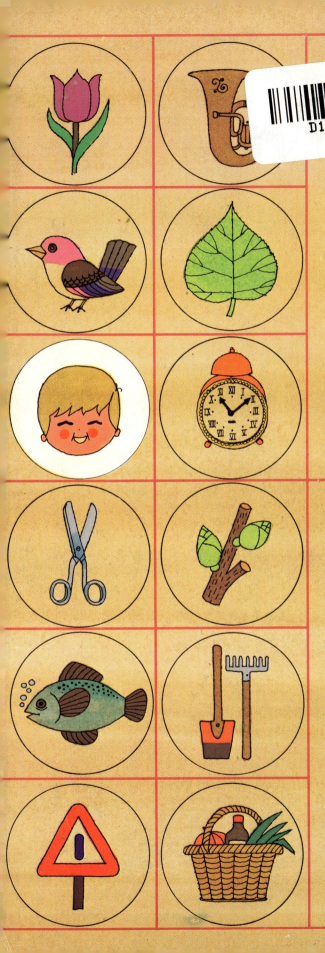

TOM
entdeckt
die Formen

von Alain Grée
Illustriert von Gérard Grée

CARLSEN VERLAG
Reinbek bei Hamburg

2. Auflage 1977
© Carlsen Verlag GmbH · Reinbek bei Hamburg 1973
Aus dem Französischen von Jens Roedler
PETIT TOM DECOUVRE LES FORMES
Copyright © 1970 by Casterman, Tournai
Alle deutschen Rechte vorbehalten
5277 · ISBN 3 551 20007 6 · Bestellnummer 20007

Drring! Die Schulglocke läutet, die Schule ist aus.
„Packt eure Bücher ein", sagt die Lehrerin. „Und vergeßt nicht, Montag morgen eure Hausaufgaben mitzubringen. Die schönste Bastelarbeit wird ausgestellt."
Draußen trifft Tom seine Schwester Veronika.
„Du siehst so bedrückt aus", sagt sie. „Ist etwas passiert?"
„Wir sollen ein Haus aus Papier basteln – als Hausaufgabe."
„Ein richtiges Haus? Wie willst du das denn machen?"
„Ich weiß es nicht. Ich kann doch nicht gut basteln."
„Ich habe eine Idee", sagt Veronika. „Wir gehen zu Herrn Lindner, dem Maler – der kann dir sicher helfen."

„Du willst also ein Haus basteln, Tom", sagt der Maler. Er holt ein Bild hervor und zeigt es Tom. „Wie findest du das hier?"
„Es ist prima, Herr Lindner. Aber wie soll ich so etwas mit Papier und Schere herstellen?" Herr Lindner lächelt.

„Das ist ganz einfach. Du mußt dir nur die Dinge, die dich umgeben, genau ansehen. Jedes Ding hat eine bestimmte Form. Es gibt einfache Formen und komplizierte Formen."
„Die Schallplatte ist ganz rund!"
„Ein Zifferblatt auch oft."

„Und die Zielscheibe und der Teller…"
„Alle diese Gegenstände haben die Form eines Kreises. Der Kreis ist die einfachste Form."
„Oh, Herr Lindner, ich habe etwas entdeckt", sagt Tom plötzlich. „Der Baum auf Ihrem Bild ist auch kreisförmig!"

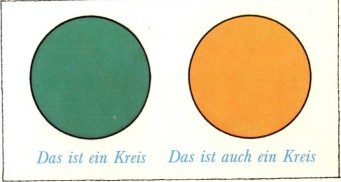

Das ist ein Quadrat
Das ist auch ein Quadrat

„Und die Schallplatten-Hülle?" sagt Veronika. „Die hat nicht dieselbe Form..."
Tom schüttelt den Kopf. „Nein, das ist ein Viereck. Wie mein Taschentuch. Vierecke haben wir in der Schule schon gezeichnet."
„Was ist denn das Besondere an diesem Viereck?" fragt Herr Lindner.
Die Kinder betrachten es aufmerksam.
„Die vier Seiten sind gleich lang", sagt Tom dann.
„Ja. Dieses Viereck ist ein Quadrat."
„Und die Ecken sind rechtwinklig, wie bei einem Schulheft."
„Genau, Tom. Man kann das mit einem Winkelmesser nachprüfen."
„Und die Front des Hauses auf dem Bild ist auch quadratisch. Komm, wir schneiden sie schnell aus."

 Schallplatten-Hülle	 Eisenbahnsignal	 Noch ein Eisenbahnsignal
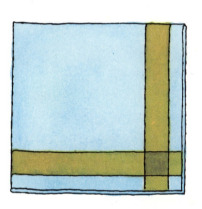 Taschentuch oder Serviette	 Parkschild	 Felder eines Damespiels
 Kacheln	 Rechenheft	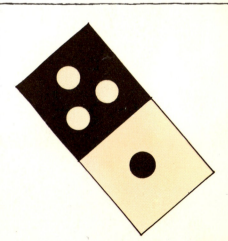 Jede Hälfte eines Dominosteins

Blatt Papier

Briefumschlag

Buch

Spielkarten

Das ist ein Rechteck

„Aber die Seiten einer Schiefertafel haben nicht die gleiche Länge", sagt Tom.
„Die Kanten eines Buches auch nicht."
„Richtig", antwortet Herr Lindner. „Diese Dinge haben auch vier Ecken, aber nicht die gleiche Kantenlänge. Die Schiefertafel und das Buch sind rechteckig."
Veronika hat etwas entdeckt. Die Haustür auf dem Bild ist ein Rechteck. „Sie hat zwei kürzere Seiten und zwei längere..."
Tom greift nach einem Stück Papier und schneidet eine Tür aus.
„Das macht Spaß", sagt er, „auch das Blatt hat die Form eines Rechtecks!"
Kennt ihr noch andere Rechtecke?

Gefaltetes Taschentuch   *Zeichendreieck*

Verkehrsschilder

Wimpel

Segel

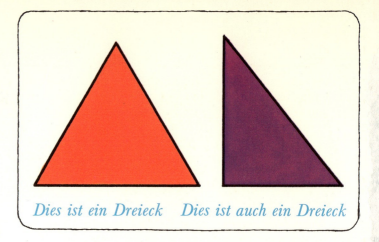

Dies ist ein Dreieck   Dies ist auch ein Dreieck

Tom wird plötzlich nachdenklich. Er sagt: „Eins... zwei... drei – hier habe ich etwas, das hat nur drei Seiten. Die Klappe vom Briefumschlag. Das ist also kein Viereck!"
„Nein, ein Viereck hat vier Ecken", sagt Veronika stolz.
„Es ist kein Rechteck und kein Quadrat..."
„Es ist auch kein Kreis..."
„Nein, denn dann wäre es ja rund!"
„Es ist ein Dreieck", erklärt Herr Lindner vergnügt.
Wenn man zwei entgegengesetzte Ecken eines Taschentuches übereinanderlegt, erhält man ein Dreieck. Faltet man dieses Dreieck noch einmal, dann erhält man wieder ein Dreieck. Veronika glaubt, nicht recht zu hören: Dann hat sie ja mehrere Dreiecke in der Tasche, ohne es zu wissen!
„Das Dach des Hauses hat auch die Form eines Dreiecks", sagt Tom. Drei Schnitte mit der Schere, und schon hat er ein Dach.

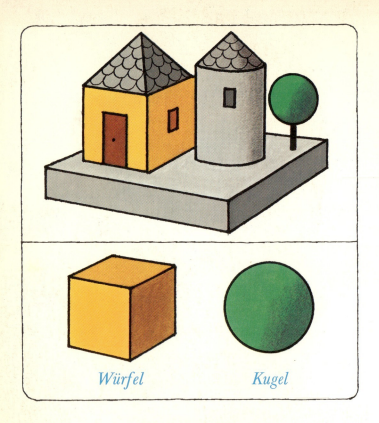

Würfel *Kugel*

„Euer Haus ist sehr schön", sagt der Maler. „Aber ihr könnt es noch besser machen. Seht mal..." Und er stellt ein Modell aus Holz und Pappe auf den Tisch.

„O wie hübsch!" ruft Veronika.

„Das Haus auf dem Bild ist flächig; das Modell ist plastisch, es ist räumlich."

Tom sagt nichts. Er denkt nach. Er hat denselben Unterschied zwischen der Schallplatte und dem Ball entdeckt.

„Aber Ball und Platte – sie sind beide rund, Herr Lindner!"

„Da hast du recht, Tom, wir nennen beides rund. Die Platte hat die Form eines Kreises, sie ist flach. Der Ball hat die Form einer Kugel; er ist räumlich. Wir sprechen beim Ball von einem Körper."

Tennisball *Würfel* *Zauberkasten*

„Die Apfelsine und der Baum auf dem Modell sind auch solche Körper", bemerkt Veronika. „Aber die Sparbüchse ist keine Kugel – und doch auch ein Körper, oder nicht?"
„Richtig, Veronika. Die Seiten der Sparbüchse sind quadratisch, und sie hat Ecken. So etwas nennen wir einen Würfel. Der Würfel ist ein Körper aus sechs quadratischen Flächen."
Veronika hat festgestellt, daß der Baum im Modell kugelförmig ist.
„Gibt es etwas im Modell, das die Form eines Würfels hat? Schaut genau hin..."
Natürlich – die Hausmauern bilden einen Würfel.

Bauklotz
Apfelsine
Ball
Wollknäuel
Sparbüchse
Marmeln

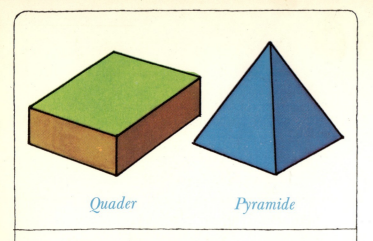

Quader *Pyramide*

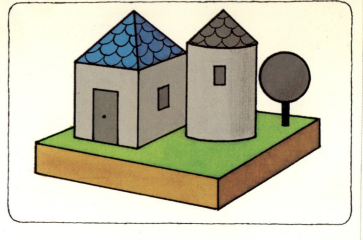

Buch *Würfelzucker* *Koffer* *Kühlschrank* *Ägyptische Pyramide* *Indianerzelt*

Tom und Veronika können jetzt die Form der auf dem Tisch liegenden Dinge bestimmen. Kugeln und Würfel sind kein Geheimnis mehr für sie.

Tom zieht die Augenbrauen hoch. Es gibt ja offenbar noch andere geometrische Formen. Zuckerstücke, Koffer...

„Sie sehen aus wie längliche Würfel..."

„Einige liegen, andere stehen aufrecht."

„Das sind Quader. Auch die Plattform unseres Modells ist ein Quader."

„Und die spitzen Dinger – wie heißen die?" fragt Veronika.

„Das sind Pyramiden; das Dach des Hauses ist eine Pyramide."

„Kann man eine Pyramide bauen, Herr Lindner?" fragt Tom.

„Aber gewiß. Ich zeige es euch."

Wir bauen eine Pyramide...

Zeichnet auf ein Blatt vier gleichseitige Dreiecke, so wie Tom.

Schneidet sie aus, aber laßt einen Rand zum Kleben stehen.

Knifft das Papier an den Stellen, wo die Dreiecke sich berühren.

Klebt den Rand unter das gegenüberliegende Dreieck. Da habt ihr ein pyramidenförmiges Dach.

Zylinder   *Kegel*

Tom ist begeistert. Jetzt macht es ihm Spaß, mit Papier und Leim zu arbeiten.
Dann zeigt ihm der Maler noch zwei neue Formen, Zylinder und Kegel. Der Turm im Modell ist ein Zylinder, sein Dach ein Kegel.
„Das sind eine ganze Menge Formen", seufzt Veronika erschöpft.
„Die Formen, die wir bisher entdeckt haben, sind einfach und regelmäßig", sagt der Maler. „Aber es gibt noch andere, die komplizierter sind – ganz zu schweigen von den Tausenden von unregelmäßigen Formen, wie etwa der eines Kieselsteins, einer Pflanze oder eines Tieres. Sie haben alle ihre eigene Form."

Welche Form haben die Gegenstände auf dem Tisch?

Tom hat noch eine Frage: „Herr Lindner, das Haus auf Ihrem Modell besteht doch aus Formen, die wir schon kennengelernt haben. Ist es schwer, so etwas zu basteln?"

„Im Gegenteil. Du hast eine Pyramide gemacht, dann wirst du auch mit den anderen Dingen fertig."

Tom macht sich sofort an die Arbeit. Zuerst macht er die Plattform, einen Quader. Dann bastelt er einen Würfel als Haus und einen Zylinder als Turm. Das Dach des Hauses ist eine Pyramide; das Dach des Turms ist ein Kegel. Für den Baum rollt Tom Knetgummi zu einer Kugel, denn man kann keine Kugel aus Papier ausschneiden. Der Stamm ist ein schlanker Zylinder.

Etwas Leim, etwas Farbe – und fertig ist das Modell!

Mit diesem Modell bekommt Tom in der Schule den ersten Preis. An diesem Montag strahlt Tom, aber hauptsächlich deshalb, weil die verschiedenen Formen für ihn jetzt kein Geheimnis mehr sind.